INAUGURATION

DU

MONUMENT FUNÈBRE

ÉLEVÉ AU BOURGTHEROULDE

A la Mémoire des Gardes Mobiles et Francs-Tireurs

Tués le 4 Janvier 1871

———

11 MAI 1875

———

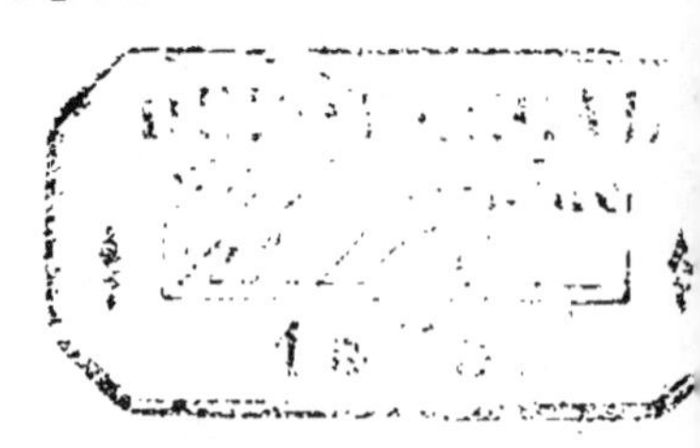

ROUEN

IMPRIMERIE CH.-F. LAPIERRE

1, RUE SAINT-ÉTIENNE-DES-TONNELIERS, 1

—

1875

Le 4 janvier 1871, ignorant le sort qui nous était réservé, je voulus voir par moi-même ce qui allait se passer, et là, je fus témoin des actions héroïques que vous avez si éloquemment groupées dans votre touchant discours.

Persuadé qu'il y avait un devoir à remplir pour celui qui avait tout vu, je sollicitai du Conseil municipal de Bourgtheroulde l'érection d'un monument pour en perpétuer le souvenir; ma demande fut favorablement accueillie et on vota une somme pour payer cet obélisque.

Les faibles ressources dont nous pouvions disposer ne nous permirent pas de faire davantage. Vous comprendrez donc, Monsieur, pourquoi la cérémonie d'inauguration a été aussi restreinte; ne voulant pas déranger les officiers et mobiles de l'Eure sans leur offrir l'hospitalité, nous dûmes nous résigner à n'inviter que des représentants; ces représentants, vous les connaissez, Monsieur le Commandant.

Les notabilités qui assistaient à la cérémonie étaient M. le Préfet, le général de Vandœuvre, M. le Sous-Préfet de Pont-Audemer, ainsi que les membres du conseil de révision, M. le marquis de Blosseville, conseiller général et président de la commission de permanence, M. Gaston Lereffait, conseiller général, M. Bréauté, conseiller d'arrondissement, M. le Juge de paix, MM. les Maires du canton et MM. les Conseillers municipaux de Bourgtheroulde, M. Charles Flavigny, propriétaire à Bosguerard-de-Marcouville et plusieurs invités.

La quête a été faite par Mmes Albert Gasse, d'Elbeuf, et de Postel, de Boscregnoult.

L'escorte du cortége se composait de deux brigades de gendarmes à cheval, de la vieille garde de Bosc-Roger avec sa fanfare, des sapeurs-pompiers de Boissey-le-Châtel, des sapeurs-pompiers de Bosguerard-de-Marcouville avec leur fanfare, et des sapeurs-pompiers de Bourgtheroulde.

Vous m'avez aussi demandé des renseignements sur la vieille garde « qui fait l'admiration de tous par sa bonne tenue et sa discipline. » Elle a été créée par M. le comte de Luchapt, officier supérieur en retraite, maire de Bosc-Normand et président de cette société. Elle se compose des anciens militaires des communes de Bosc-Roger, Saint-Ouen-du-Tilleul et Bosc-Normand. Ils ont, avec l'aide de membres honoraires, fondé une caisse de secours mutuels qui rend de très-grands services.

Voici, Monsieur le Commandant, les quelques notes que vous m'avez prié de vous donner, et veuillez agréer l'assurance de ma considération très-distinguée.

GRUEL.

Voici le texte du discours de M. Gruel :

MONSIEUR LE PRÉFET,
MESSIEURS,

C'est au nom de la municipalité de Bourgtheroulde, que j'ai l'honneur de vous remercier de la amples renseignements au sujet de cette solennité funèbre, et par le discours de celui-ci auquel nous avons eu l'honneur de répondre après M. le Préfet de l'Eure.

Nous avons regretté, pour la mémoire de nos braves soldats, que cette page de l'histoire de l'Eure, si honorable pour ses propres enfants, n'ait pas trouvé accueil dans la presse locale. Nous espérons combler la meilleure partie de cette lacune en dédiant et en adressant ces quelques exemplaires aux concitoyens sympathiques qui nous ont témoigné le désir de mieux connaître ceux qu'une mort héroïque a fait leurs nouveaux hôtes.

Nous les remercions, au nom de ceux-ci, de leur pieux et patriotique intérêt.

. E. GUILLAUME.

Bourgtheroulde, 20 mai 1875.

MONSIEUR,

Je ne suis pas surpris que vous n'ayez rien trouvé qui vous permît de relater d'une façon exacte la cérémonie d'inauguration de Bourgtheroulde, car c'est à peine si les journaux de l'Eure l'ont mentionnée. Je me fais donc un plaisir de vous envoyer les quelques notes que vous me demandez, dans le but de vous renseigner sur tout ce qui a pu vous échapper, tant dans l'ensemble de la cérémonie que sur les conditions dans lesquelles elle a été faite.

Après la messe, le clergé suivi des autorités, ayant pour escorte la compagnie de pompiers, s'est rendu au pied du monument pour le bénir.

M. le commandant Guillaume, qui commandait les mobiles le 4 janvier, a prononcé un éloquent et patriotique discours dont nous ne pouvons, à notre grand regret, donner que des extraits.

. . . .

Après ce discours qui a produit la plus vive impression, M. Gruel, adjoint, a remercié le Préfet d'avoir bien voulu assister à cette cérémonie. Ce dernier a rendu hommage, en quelques paroles, à la mémoire des victimes de la guerre. Après le banquet qui a suivi cette inauguration, on a procédé aux opérations de la révision.

Les fanfares présentes au Bourgtheroulde se sont fait entendre à plusieurs reprises et ont été vivement félicitées par M. Gruel, adjoint, qui présidait cette fête, dont il avait été le plus actif organisateur.

(Extrait du Nouvelliste de Rouen,
du 12 mai 1875.)

Ce compte rendu sommaire, emprunté au *Nouvelliste de Rouen*, se trouve complété par la lettre suivante de M. Gruel, conseiller d'arrondissement, adjoint au maire du Bourgtheroulde, en réponse à la demande que nous lui avions adressée de plus

M. le Préfet de l'Eure, M. le Sous-Préfet de
Pont-Audemer et M. le général de Vandœuvre, en
tournée de révision, assistaient hier à la cérémonie
d'inauguration du monument élevé, sur la place
de Bourgtheroulde, à la mémoire des mobiles et
francs-tireurs de l'Eure, tués dans la défense de ce
village le 4 janvier 1870. Ce monument consiste
en une colonne de granit entourée de chaînes. On
y a inscrit ces mots : « *Aux Français morts pour
la Patrie.* » La date du combat de Bourgtheroulde
est inscrite sur le monument, ainsi que ces mots
« *Honneur et Patrie.* » Une autre inscription est
ainsi conçue : « *Erigée par la commune, 1875.*

On remarquait, parmi les nombreux assistants
d'anciens officiers et soldats de la mobile qui avaient
pris part au combat du 4 janvier.

solennité que vous avez bien voulu donner à cette cérémonie, en l'honorant de votre présence.

Il y a cinq années, nos cœurs furent émus des actions héroïques qui se passaient sous nos yeux et des malheurs qui accablaient notre pauvre pays ; alors nous conçûmes l'idée d'élever cette modeste pierre.

L'état de détresse où nous étions réduits ne nous le permit point, et nous n'y serions peut-être jamais parvenus sans votre bienveillant concours, Monsieur le Préfet. Vous avez apprécié les malheurs de Bourgtheroulde, et vous avez tout fait pour les réparer dans la mesure du possible ; je suis heureux de pouvoir vous adresser publiquement nos remercîments.

Les temps changent et les hommes passent, mais le pays se souviendra toujours de M. le baron Sers, préfet de l'Eure.

Il nous est pénible de ne pouvoir exprimer notre gratitude à M. le comte de Blangy, notre conseiller général, dont le zèle et le dévoûment ont été infatigables dans ces temps malheureux. Un deuil de famille vient de le frapper dans ses affections ; vous vous associerez, Messieurs, aux regrets que nous inspire le malheur qui nous prive de sa présence.

Merci, à vous tous, Messieurs, qui avez si bien compris la pensée qui nous a dominé, en organisant cette cérémonie ; avec nous, vous offrez, à ces braves qui sont tombés ici pour la défense du pays, votre souvenir de regrets et de reconnaissance.

Mille fois merci.

M. Guillaume, ex-commandant du 1er bataillon des mobiles de l'Eure, a pris ensuite la parole :

Messieurs,

C'est un touchant spectacle que celui de cette France, dépouillée, mutilée, laissée dans l'isolement, contrainte par son patriotisme même à taire ses douleurs et ses revendications, et se tournant instinctivement vers ses morts comme si elle attendait d'eux la consolation, la patience et la foi dans l'avenir.

Vous avez eu, Messieurs, votre large part des effets de cette implacable haine, qui inscrivait ses triomphes en lettres de sang et de feu partout où elle s'abattait. A peine avez-vous relevé vos ruines, effacé les traces de l'incendie, purifié vos demeures, qu'une piété toute nationale vous ramène sur la tombe des victimes et vous inspire la généreuse pensée de perpétuer la mémoire des défenseurs du Bourgtheroulde.

Nous venons vous en remercier en leur nom, Messieurs, et au nom de ceux qui, pour avoir survécu au désastre, n'en avaient pas moins fait le sacrifice de leur vie à la défense de vos foyers si hospitaliers pour eux.

Les défenseurs du Bourgtheroulde !...

Hélas, Messieurs, quand on se reporte à cette fatale matinée du 4 janvier 1871, pendant laquelle votre forêt semblait vomir sur la ville des régiments et des batteries ennemis, on trouvera présomptueux ce titre donné à quelques centaines d'hommes, formant l'arrière-garde de notre armée qui se concentrait sur Brionne, et opposés à la hâte à un corps de 10,000 Prussiens (1).

On ne se défend pas contre l'avalanche, on n'endigue pas l'inondation ; tout au plus on l'arrête un

(1) Il (le général Roy) resta donc sans aucune communication avec le colonel Thomas (de l'Ardèche), et il eût sans doute été enlevé lui-même par les bataillons du colonel de Busse, si un épais brouillard n'avait pas dérobé à l'ennemi la faiblesse numérique de ses adversaires.

Le général Roy n'avait avec lui que deux bataillons de mobiles, un peloton de chasseurs et quelques francs-tireurs ; toutefois, il ne voulut pas céder le terrain sans combattre. Il detacha quatre compagnies du 1er bataillon des mobiles de l'Eure, sur la route d'Elbeuf ; deux autres sur celle de Bourg-Achard, et, laissant une réserve au Bourgtheroulde, il se porta lui-même, avec ce qui lui restait, à la rencontre de l'ennemi. — Un peu avant dix heures, les premiers tirailleurs prussiens débouchèrent sur la lisière de la forêt de la Londe, et il s'engagea de ce côté une courte, mais vive fusillade. — Les francs-tireurs de la 2e compagnie du Calvados, dont le chef fut tué dès les premiers coups, puis quelques compagnies de mobiles, jetées à la hâte le long des fossés, arrêtèrent un instant l'avant-garde du colonel de Busse ; mais bientôt assaillis de tous côtés par une grêle de balles, les nôtres furent refoulés jusque dans le Bourgtheroulde. Là, le général Roy donna le signal de la retraite, et le commandant Guillaume, du 1er bataillon de l'Eure, fut chargé de la couvrir. — Une faible arrière-garde, composée d'une quarantaine de mobiles de l'Eure, s'embusqua derrière l'église, fit bravement tête aux Prussiens qui débouchaient par les routes de Rouen et d'Elbeuf, et les tint quelque temps en respect. — Grâce à la résistance énergique de cette poignée d'hommes, et à la faveur du brouillard qui en ce moment redoublait d'intensité, le reste de la colonne put se retirer sur Brionne, sans être poursuivi ni inquiété.

Cet engagement coûta aux nôtres huit hommes tués, au nombre desquels le capitaine Pascal, des francs-tireurs du Calvados, et une douzaine de blessés, dont le capitaine de Saint-Foix, du 1er bataillon des mobiles de l'Eure.

(ROLIN, — Guerre dans l'Ouest.)

instant, on la fait hésiter, mais reculer, est-ce possible ?

Tel était cependant le rôle illusoire confié à 500 hommes des 1ᵉʳ et 3ᵉ bataillons des mobiles de l'Eure et à une compagnie des francs-tireurs du Calvados, le reste des troupes formant la colonne de retraite, ou ayant été disséminé sur une trop grande étendue pour concourir efficacement à la défense de la ville.

Nous n'avons pas, Messieurs, à apprécier les faits de guerre de cette funeste journée. — Souvenirs palpitants cependant, mais déjà inscrits à l'actif de nos revers glorieux par vos témoignages d'abord, avant de l'avoir été par l'histoire.

Notre devoir plus modeste et plus intime est de vous retracer l'héroïque attitude de ceux, aux derniers instants desquels nous avons eu le triste privilége et l'honneur d'assister ; de vous représenter quelques-uns d'entre eux qui, se sachant voués à une mort presque certaine, trouvèrent, dans l'imminence du danger, dans l'exiguité de leur nombre et dans la grandeur du sacrifice, des réserves inespérées de force et de courage ; — de vous dire enfin avec émotion et conviction, attachant à cet hommage toute l'énergie de sa signification :

« Ceux que nous honorons aujourd'hui ont combattu et sont morts en vrais et bons Français. »

Tout était bien fait cependant pour démoraliser des troupes inexpérimentées et enlevées, depuis quelques mois à peine, à leurs paisibles foyers. — Aussi bien le sinistre appareil d'une nature ense-

elie dans la neige et le brouillard, que cet orage
e mousqueterie qui grondait sur vos plateaux,
epuis quatre heures du matin, avant-coureur d'un
ésastre pressenti.

Vous entendez encore, Messieurs, les hurlements
e cette meute humaine débouchant de la forêt sur
ne étendue de plusieurs kilomètres.

Vous vous rappelez cette pluie de projectiles,
emant dans vos rues le désordre et l'hésitation, et
aralysant les dispositions de la défense, avant
nême que les bataillons ennemis, enveloppés d'un
pais brouillard, pussent être aperçus de nos sol-
ats, — et, à mesure que le cercle de feu se resser-
ait autour de la ville, les avant-postes et les
econnaissances se repliant sur la grande place.

Ce furent d'abord les francs-tireurs du Calvados,
apportant le corps du brave capitaine Pascal tué à
entrée du pays. — Ils le déposent dans la mairie
; vont reprendre leur poste de combat pour le
onserver jusqu'à la fin. Un peloton de chasseurs,
nvoyé pour charger la colonne prussienne qui s'a-
ance par la route de la Bouille, vient se heurter
ontre une barricade, et rentre en désordre sous
a feu meurtrier.

En même temps, les trois compagnies des mobiles
e l'Eure, placées à l'entrée de la ville, supportaient
premier choc des assaillants, et vous avez relevé,
ans vos enclos, des morts dont les blessures
moignent assez de la violence de l'engagement.

C'est là que le garde Jobin est tué à bout portant,
i moment où il recharge son arme ;

Que le capitaine de Saint-Foix, abattu par une balle qu'il reçoit au talon, se retranche dans une masure. — Il y est attaqué, il riposte, et, frappé de deux coups de baïonnettes, il est emmené en captivité.

Plus loin, le garde Petit, traversé de trois balles, s'évanouissait dans un des fossés de la route ; traîné sous un pont, et caché là par une main secourable, il était soustrait au sort de plusieurs de ses braves compagnons de l'Ardèche et des Landes, trouvés décapités et mutilés derrière le passage des vainqueurs.

Permettez-moi, Messieurs, bien que nous n'ayons à regretter ni sa mort ni l'effusion de son sang, de rendre hommage à une noble et touchante personnalité qui prend un intérêt particulier à ce moment du combat. L'abbé Odieuvre, aumônier du 3me bataillon, se multiplie aux avant-postes ; il relève les blessés, il transporte les morts, et, quand tout cède devant l'ouragan, il remonte seul, à la faveur du brouillard, le furieux courant, pour aller porter les secours de son ministère aux nombreux blessés laissés en arrière des colonnes prussiennes. Mais il est pris et va être fusillé comme espion, lorsque, désarmés par sa fière résignation, éclairés par le zèle pieux et patriotique qui inspire ses réponses, ses juges improvisés décident de surseoir à cet arrêt sommaire.

Mais déjà l'ennemi est maître des abords du Bourgtheroulde ; nos premières lignes sont isolées, et, à peine d'être enveloppées, n'ont pu rentrer dans la ville.

Les gardes Dubois et Danger, envoyés pour prendre les ordres du commandant, par les compagnies qui couvrent la route d'Elbeuf, sont tués, et toute tentative de jonction est devenue impossible.

C'est alors qu'une trentaine de mobiles des 1er et 3me bataillons de l'Eure, vraies épaves de ce premier et rapide sinistre, ralliés par cinq de leurs officiers derrière l'église, se disposent à prolonger la lutte et à disputer chèrement à l'ennemi la route de Brionne suivie par la colonne de retraite.

Nous emprunterons, Messieurs, à un compatriote, historien de notre guerre, les quelques lignes qui caractérisent la situation de cette petite troupe :

« Quelques-uns de ces mobiles de l'Eure, qui formaient l'extrême arrière-garde, retranchés derrière l'église, retardèrent assez longtemps la poursuite d'un ennemi bien supérieur, qui les fusillait presque à bout portant, sans oser les aborder corps à corps, sans pouvoir lasser leur tenacité héroïque; — ceux-là, du moins, tinrent haut et ferme, dans cette funeste circonstance, le drapeau de la France. »

C'est, en effet, un suprême effort qu'on exige de leur patriotisme : Assurer au prix de leur vie le salut de cette armée qui s'éloigne. — Ils comprennent toute la sévère portée de cet ordre, j'allais dire de cette sentence, et leur réponse est telle qu'elle ne laisse aucun doute sur les dispositions de leur patriotisme.

Quelque gauloise qu'elle soit, je vous la citerai, Messieurs, dans toute son éloquence triviale, mais sublime : « Allons-y gaîment, » s'écrie un sergent, et l'entrain devient tel que les officiers doivent modérer le tir, exiger la prudence et calmer les plus ardents. Cependant l'ennemi, retranché au nord de la place, occupe aussi la halle située en face de l'église, et ses feux convergents, particulièrement le feu oblique qu'il dirige de ce dernier point, rétrécit singulièrement l'espace occupé par notre poignée d'hommes.

« C'est à vingt mètres que l'on se fusille. »

Retracerons-nous, Messieurs, les alternatives de ce combat ou plutôt de ce duel, dans lequel la victime désignée à l'avance semblait plus fière et plus confiante que son adversaire.

Nous vous avons dit que nos mobiles combattirent en vrais Français ; laissez-nous donc vous les montrer apostrophant et défiant l'ennemi, scrupuleusement abrité derrière les étals, les tréteaux et les piliers de votre halle, et le provoquant vainement à se découvrir comme eux pour faire feu.

Oh ! comme alors, et pour la première fois dans cette guerre à longues distances, qu'il leur était donné de rencontrer leurs vainqueurs face à face, nos soldats se livrèrent à l'âpre satisfaction de lui dire haut et fort leurs griefs et leurs colères ; comme la verve nationale se rallumait au contact du Prussien qui apparaissait enfin dégagé des fumées de ses canons, et comme elle reprenait ses droits, même celui pour le vaincu de mourir en menaçant et en flétrissant le meurtrier.

Cependant le garde Renom tombe, le premier, foudroyé par deux balles ; celle qui lui traverse la tête vient frapper en pleine poitrine le capitaine de la Brière, demeuré à découvert depuis les débuts de l'engagement, pour mieux diriger et rectifier le tir de nos hommes.

Ceux-ci s'arrêtent un instant en voyant s'affaisser leur capitaine ; ils épient les efforts qu'il fait pour se relever, ne pouvant croire que tant de bravoure et de sang-froid soient si mal récompensés. Et lui, comme comprenant le prix de son exemple, se relève et va chancelant reprendre son poste périlleux. Renom avait paralysé la force meurtrière du projectile.

« Les balles ne tuent jamais que le voisin, » hasarda presque gaîment un officier, et le feu suspendu reprend de plus belle.

Comme pour justifier ce lugubre aphorisme, le clairon Brière, au moment où il faisait feu aux côtés du capitaine, recevait une balle dans le ventre. — « Bien visé ! » fit-il, et il s'évanouit.

Ce n'est qu'après trois jours d'agonie qu'il mourut dans vos murs, chargeant l'abbé Odieuvre de transmettre à sa famille ses derniers adieux, et, comme relique, sa montre écrasée par la balle qui l'avait frappé.

Cet enfant, frêle et blond, plus fait pour les arts que pour la guerre, et dont le talent de dessinateur avait été utilisé jusque-là par l'état-major, tirait ce jour-là son premier coup de fusil.

Le garde Ledoigt a la jambe brisée ; il s'agenouille à l'angle de l'église, et continue le feu jusqu'à ce qu'une nouvelle balle l'étende sur ses compagnons.

— Pour tout dire, il avait à venger ses deux frères, soldats comme lui, tués comme lui.

Enfin, dernier souvenir touchant et glorieux, aussi bien pour les victimes que pour leur sauveur, qui est l'un de vos concitoyens, Messieurs ! Deux mobiles sont frappés à la tête, en débouchant sur la route de Bourg-Achard. Leurs corps, qui encombrent la ruelle et gênent les tireurs, sont traînés dans un enclos voisin, et laissés là pour morts.

Recueillis, au péril de sa vie, par le propriétaire du champ peut-être, ils sont ranimés et transportés dans une charrette sur la route de Brionne qu'ils atteignent avant nous.

En voyant reparaître leurs compagnons, ils se soulèvent, véritables spectres sanglants, et agitent silencieusement leurs képis. — Ne dirait-on pas que leur enthousiasme les faisait se survivre à eux-mêmes ? — Si nous pouvions douter un instant de l'avenir de notre pays, Messieurs, de tels exemples sont bien faits pour nous rassurer. Que pouvons-nous demander de plus à ces soldats de la veille, qui ne connaissaient de la guerre que les désastres récents de leurs aînés, et de l'ennemi que ses envahissants progrès, sûrs et fatals comme la marche d'un fléau.

En comptant les ressources de mâle énergie que chacun d'eux portait en son cœur, qu'une situation, un mot, le péril même faisait jaillir et enflammait, ne devons-nous pas nous demander ce qu'ils eussent fait, ce qu'ils eussent été si la fortune avait favorisé nos armes, si l'espoir du triomphe avait soutenu leurs généreux efforts.

Se sent-il mourir celui qui, frappé au cours d'un succès, tombe au milieu d'un éclatant combat ? Ne semble-t-il pas qu'emportée par le patriotisme, enivrée par la gloire, son âme poursuive quelque temps encore son essor dans le tourbillon de la victoire ?... Rien de semblable ici ; cette mort qu'ils recevaient si vaillamment était l'épilogue froid et prévu d'une agonie qui avait commencé à la nouvelle de nos premiers revers.

Ah ! Messieurs, si je puis m'exprimer ainsi, on mourait doublement dans cette fatale guerre.

Ce serait abuser de votre bienveillante attention, Messieurs, que de vous retracer la fin de cette lutte inégale, où la ruse dut suppléer au nombre pour aider le détachement à franchir le cercle d'ennemis qui déjà s'était refermé derrière lui.

Vous savez l'attitude imposante de cette arrière-garde de cinq hommes qui contint les assaillants sur ses derrières et comment grâce à elle, au brouillard qui dissimulait leur nombre, au sang-froid de leurs officiers et surtout à la Providence, les vingt-cinq derniers soldats de l'armée de l'Eure rejoignirent sains et saufs la colonne de retraite (1).

(1) Si, dans le cadre restreint de ce discours, ayant pour seul objectif les combattants du Bourgtheroulde, nous appelons les *derniers soldats de l'armée de l'Eure* ces quelques mobiles formant l'arrière-garde de la colonne de retraite, et ralliés sous les ordres des lieutenants Roussel et Guibert, des capitaines de la Brière et de Rostolan, et du commandant, nous devons ajouter ci, pour rester fidèle à la vérité historique, que, sur d'autres

Pardonnez-nous, maintenant, Messieurs, et en vous retraçant ces faits nous nous sommes laissé emporter par nos souvenirs émus jusqu'en des détails puérils peut-être, nous avons voulu que vous connaissiez mieux ceux dont vous honorez le dévoûment et le patriotisme.

S'ils ont pris droit de cité parmi vous, en laissant leur vie dans vos murs, il était de notre devoir de vous faire partager l'admiration que ces enfants adoptifs du Bourgtheroulde ont inspiré aux quelques témoins de leur noble fin.

Puissent leurs familles, en apprenant à la fois cet hommage rendu à leurs fils par leurs derniers compagnons et la suprême et glorieuse hospitalité qu'ils vous doivent, Messieurs, verser sur leur mémoire des larmes moins amères !

Puisse le bel exemple de votre mort, braves mobiles de l'Eure, et la consécration qu'elle reçoit aujourd'hui, féconder et enflammer les dévoûments de l'avenir !

Vous revivrez alors dans nos souvenirs et dans nos espérances.

points plus favorables à la défense, la résistance se prolongea jusqu'à la nuit. — C'est ainsi que les capitaines de Boisgelin et Duvivier, avec leurs compagnies, tinrent énergiquement tête à l'ennemi sur la route d'Elbeuf, jusqu'à ce que, coupés sur leur gauche, ils allassent grossir les bataillons des commandants Ferrus, de l'Eure, et de Montgolfier, de l Ardèche, qui tinrent en échec, jusqu'à la tombée du jour, les forces du colonel de Massow.